1916

LISEZ ET PROPAGEZ

LA BROCHURE POPULAIRE

50 C^ent.

Verdun

« Tous les Français, tous les
amis de la France doivent connaître, mot
par mot, le magnifique exploit qu'on
appelle la défense de Verdun. »

LA BROCHURE POPULAIRE
ÉDITÉE PAR ANDRÉ VERVOORT
8, Boulevard des Italiens, PARIS
Téléphone Central 80-19

Note de l'Éditeur

Verdun ! Nom magique ! Verdun ! nom qui réchauffe tous les cœurs, ranime tous les courages, calme toutes les angoisses, permet tous les espoirs. Verdun !

C'était la clef du pays de France que les Allemands voulaient nous arracher; c'était la suprême pensée du Kaiser, de son fils, de son Etat-major.

Ils avaient dit, sur ce ton d'arrogante commisération qu'ils employaient vis-à-vis de nous jusqu'au printemps de 1916: « Nous prendrons Verdun et nous irons, cette fois, à Paris. La France devrait s'avouer vaincue... Avoue-toi vaincue, jolie France, et nous ne te ferons pas trop de mal, quand tu seras sous notre botte... Allons, avoue ! »

Les soldats de Verdun répondirent.

Et, dans l'histoire des guerres, jamais exploit magnifique n'émerveilla le monde à un tel degré.

Verdun, c'est le coin de notre terre où l'âme française a vibré tout entière, où la science des chefs militaires, le courage des troupes, la puissance de nos forces d'artillerie se sont révélés, ont fait l'admiration des peuples et conserveront, dans l'avenir, un renom de grandeur surhumaine.

On peut dire que, pendant de longs mois, la France

fut penchée sur Verdun; nous vécûmes des heures douloureuses ; aujourd'hui, par Verdun, la France est sauvée.

C'est grâce à Verdun que notre offensive de la Somme va de triomphes en triomphes ; c'est grâce à Verdun que la France put guider les alliés dans cette voie d'unité matérielle et pratique qui assurera la victoire ; c'est grâce à Verdun que les événements d'Orient, si heureux dans leur ensemble, se sont produits.

Verdun ! On ne saurait trop l'aimer et trop lui témoigner de gratitude !...

On lira plus loin le beau discours prononcé par le Président de la République, le jour de cette cérémonie, où sous la mitraille, dans une cave, il alla porter la croix de la Légion d'honneur à la noble cité. Le président de la République a exprimé le sentiment de toute la nation et je voudrais que, dans les écoles, cette page fut apprise et récitée comme un hymne patriotique : jamais les enfants de France n'apprendront trop à respecter et à tendre leurs mains vers les héros de Verdun.

Verdun, qui sonnes clair ! Verdun, citadelle de l'honneur ! Verdun, qui, dans les siècles, demeureras comme un temple immortel de gloire et de beauté, reçois l'humble hommage de notre piété.

Nous n'avons pas besoin de crier : Vive Verdun !

Verdun, avec ses maisons incendiées, ses murailles éventrées, ses ruines fumantes, Verdun vit plus que toute ville où respirent des hommes : elle resplendit, elle éclaire, elle domine, elle protège.

Verdun, c'est le drapeau !

A. V.

Une imposante cérémonie

Discours du Président de la République

A la date du 13 septembre 1916, le Président de la République a remis à la ville de Verdun les décorations qui lui ont été attribuées par les chefs d'Etat des pays alliés.

La cérémonie a eu lieu dans les casemates de la citadelle de Verdun, elle a été très simple et très émouvante. Y assistaient : le général Joffre, ainsi que les généraux Pétain, Nivelle et Dubois, le préfet de la Meuse et le sous-préfet de Verdun, le maire de la ville, les sénateurs et députés du département de la Meuse. Etaient également présents :

MM. le général Gilinsky, pour la Russie ; le général sir A. Paget, pour l'Angleterre ; le général di Bréganze, pour l'Italie ; le major Menschaert, pour la Belgique ; le général Stephanowitch, pour la Serbie, et le général Groswitch, pour le Monténégro.

Le président de la République a prononcé le discours suivant :

Messieurs,

L'idée d'honorer les défenseurs de Verdun en décernant une décoration à la ville qu'ils ont illustrée est venue spontanément à l'esprit de S. M. l'empereur de Russie, au moment où le même projet était formé par le gouvernement de la République. Leurs Majestés le roi d'Angleterre, le roi d'Italie, le roi des Belges, le roi de Serbie, le roi de Monténégro se sont immédiatement associés à cette pieuse intention. Si bien que, aujourd'hui, les représentants d'un grand nombre de pays alliés ont pu se donner rendez-vous dans cette citadelle inviolée pour y offrir, en commun, le tribut de leur reconnaissance aux braves qui ont sauvé le monde et à la fière cité qui aura payé de tant de meurtrissures la victoire de la liberté.

Messieurs, voici les murs où se sont brisées les suprêmes espérances de l'Allemagne impériale.

Lorsque, le 21 février, a commencé l'attaque de Verdun, l'ennemi s'était proposé un double objectif : prévenir une offensive générale des Alliés; frapper, en même temps, un coup retentissant et s'emparer rapidement d'une place dont le nom historique rehausserait, aux yeux du peuple allemand, l'importance militaire. Les débris de ces rêves germaniques gisent maintenant à nos pieds.

Au lieu de subir notre loi, l'Allemagne a voulu imposer la sienne et prendre elle-même l'initiative d'une attaque dont elle choisirait le lieu et la date. Les admirables troupes qui, sous le commandement du général Pétain et du général Nivelle, ont soutenu pendant de si longs mois le formidable choc de l'armée allemande, ont déjoué, par leur vaillance et leur esprit de sacrifice, les desseins de l'ennemi.

Ce sont elles qui ont permis à tous les Alliés de travailler avec une activité croissante à la fabrication du matériel de guerre, ce sont elles qui, en marquant d'un trait lumineux la limite de la force germanique, ont répandu dans l'univers la confiance en notre victoire définitive; ce sont elles enfin qui, en assurant la réalisation du plan dressé par les états-majors, ont laissé à la Russie le temps de préparer et d'engager ses triomphantes offensives du 4 juin et du 2 juillet; à l'Italie, le temps d'organiser pour le 25 juin sa brillante attaque de Gorizia; aux troupes anglo-françaises, le temps d'entreprendre, à partir du 1er juillet, sur la Somme, une série ininterrompue d'opérations méthodiques; à l'armée d'Orient, le temps d'outiller et de concentrer ses divers éléments, pour prêter à nos nouveaux alliés, les Roumains, contre les Germano-Bulgares, un concours fraternel. Honneur aux soldats de Verdun ! Ils ont semé et arrosé de leur sang la moisson qui lève aujourd'hui.

... Et voyez, messieurs, le juste retour des choses. Ce nom de Verdun, auquel l'Allemagne, dans l'intensité de son rêve, avait donné une signification symbolique et qui devait, croyait-elle, évoquer bientôt devant l'imagination des hommes une défaite éclatante de notre armée, le découragement irrémédiable de notre pays, et l'acceptation passive de la paix allemande, ce nom représente désormais, chez les neutres comme chez nos alliés, ce qu'il y a de plus beau, de plus pur et de meilleur dans l'âme française. Il est devenu comme un synonyme synthétique de patriotisme, de bravoure et de générosité.

Ah ! certes, la fierté que nous inspire cet hommage universel ne va pas sans une grande tristesse. Ceux d'entre nous qui sont attachés à cette ville et à cette région par des liens très chers, ceux qui comptent, parmi ces populations meusiennes si courageuses et si cruellement éprouvées, tant d'amis et de parents, ceux qui rencontrent à chaque pas, dans les rues incendiées de Verdun, de vivants souvenirs de leurs jeunes années ne peuvent que ressentir une douleur insurmontable au lugubre spectacle de cette dévastation sauvage !

Mais Verdun renaîtra de ses cendres ; les villages détruits et désertés se relèveront de leurs ruines ; les habitants, trop longtemps exilés, reviendront à leurs foyers restaurés ; ce pays ravagé retrouvera, à l'abri d'une paix victorieuse, sa physionomie riante des jours heureux. Et, pendant des siècles, sur tous les points du globe, le nom de Verdun continuera de retentir comme une clameur de victoire et comme un cri de joie poussé par l'humanité délivrée.

Messieurs, à la ville de Verdun, qui a souffert pour la France ; à la ville de Verdun, qui s'est sacrifiée pour la sainte cause du droit éternel ; à la ville de Verdun, dont les héroïques défenseurs auront laissé au monde un exemple impérissable de grandeur humaine, je remets :

Au nom de S. M. l'empereur de Russie, la Croix de Saint-Georges ;

Au nom de S. M. le roi de Grande-Bretagne et d'Irlande, la Military Cross ;

Au nom de S. M. le roi d'Italie, la médaille d'or de la valeur militaire ;

Au nom de S. M. le roi des Belges, la Croix de Léopold Ier

Au nom de S. M. le roi de Serbie et de S. A. le prince régent, la médaille d'or de la Bravoure militaire ;

Au nom de S. M. le roi de Monténégro, la médaille d'or Obilitch ;

Au nom du gouvernement de la République, la Croix de la Légion d'honneur et la Croix de guerre française.

Verdun [1] dans le passé

L'érudit nous fixe sur la haute antiquité de Verdun. Il nous dit que c'est le *Verodunum* de l'itinéraire d'Antonin, le *Civitas Viridunum* et l'*Urbs Viridunensium* de Grégoire de Tours. C'est à Verdun que fut signé le fameux traité de 843, réglementant le partage de l'empire de Charlemagne, introduisant chez nous les trois nationalités, franque, germanique et italienne. Verdun échut à Lothaire dont le lot fut un éternel objet de querelle entre la France et l'Allemagne, constituant toujours la grandeur de celui qui le dominait ou qui en possédait la plus grande partie.

De Lothaire, ce domaine revint à Charles-le-Chauve, puis à Louis de Germanie. Louis d'Outre-Mer s'empara de Verdun, en 979, au cours d'une expédition de Lorraine ; elle fut reprise par Othon-le-Grand, peu de temps après.

A la fin du Xe siècle, par suite de plusieurs traités, Verdun fut rattachée à l'empire germanique, dont elle subit l'influence jusqu'au XIVe siècle. En 1305, ses habitants réclamèrent la protection de Philippe-le-Bel et l'obtinrent quelques années plus tard.

En 1551, Charles-Quint, préparant son invasion contre nous, imposa une garnison à Verdun. Henri II réussit à s'emparer de la place et le traité de Cateau-Cambrésis (1599) confirma cette possession.

[1] En archéologie, on appelle « un verdun » une épée, sorte d'estoc à lame forte et raide, assez courte, de section quadrangulaire, que portaient les gens de pied, plus particulièrement.

Il faut les campagnes de la Révolution et de l'Empire pour retrouver Verdun dans l'Histoire militaire.

En 1792, les Allemands assiégèrent Verdun. Sa garnison comprenait des recrues et des gardes nationaux. Beaurepaire, alors commandant des volontaires de Mayenne-et-Loire, défendait la place. Le duc de Brunswick commandait les troupes ennemies. Il somma Beaurepaire de capituler ; Beaurepaire refusa. La place fut bombardée. Un mouvement royaliste éclata parmi la population qui aboutit à la capitulation. Beaurepaire préféra la mort à la honte de signer le tract ; il se fit sauter la cervelle (2 septembre 1792). L'armée prussienne occupa aussitôt la ville.

L'armée républicaine reprit la forteresse en octobre 1793. Alors on connut les personnages dirigeants du complot royaliste, la plupart étaient des émigrés. Dans la nuit du 26 avril 1794, après la sentence du Conseil de guerre prononcée la même journée, douze femmes, reconnues coupables d'avoir ourdi le complot et d'avoir accueilli et fêté les troupes prussiennes à leur entrée, furent exécutées. Cet épisode constitue la légende bien connue des *Vierges de Verdun*.

Les alliés n'attaquèrent pas Verdun en 1814. Duvigneau, qui commandait la place, marcha sur Châlons avec 2.000 hommes de la garnison. En 1815, malgré une avalanche de bombes et de boulets rouges, quoique défendue par une poignée d'hommes, Verdun fit face à l'invasion.

En 1870, Verdun était, comme toutes nos autres places fortes, dans le pire abandon. Ses fortifications moyenageuses avaient été remaniées et complétées par Vauban, à la fin du XVIIe siècle ; elles ne pouvaient répondre aux attaques de l'artillerie rayée. Sa garnison comprenait des troupes de dépôt, que les événements de Sedan renforcèrent d'échappés, de gardes mobiles et de gardes nationaux.

Le 24 août la place subit un premier bombardement par l'artillerie de campagne du corps saxon, établie sur la côte de Belrupt (r. d. de la Meuse), mais sans succès pour l'ennemi. Du 24 août à la fin de septembre, elle fut surveillée par un corps d'observation, puis investie. Du 13 au 16 octobre, 52 pièces de grosse artillerie bombardèrent et incendièrent, en partie, Verdun. Plusieurs sorties heureuses de la garnison prolongèrent l'investissement, notamment : contre la cote Saint-Michel au cours de laquelle sortie nos troupes pénétrèrent dans les batteries et enclouèrent plusieurs pièces ; le 28 octobre, nouvelle sortie sur ce même point et sur la côte des Hayvaux ; les douze pièces de cette dernière batterie furent mises hors de service.

Le 3 novembre, ce fut une surprise pour les défenseurs et la population en apprenant que le commandant de la place avait capitulé. La capitulation de Metz ne devait pas être étrangère à cette décision.

Le gouvernement de la Défense nationale honora la défense de Verdun de quatre canons d'honneur, que l'on voyait en ces dernières années dans la cour de l'Hôtel-de-Ville. Gambetta fit hommage au général Guérin, le défenseur de Verdun d'une lettre où il lui dit : « Le gouvernement de la Défense nationale reconnait que vous avez fait votre devoir de soldat et de général jusqu'au bout ».

Pendant les années qui s'écoulèrent depuis, le gouvernement de la République aidé par le Parlement, prépara Verdun à son rôle actuel, il en fit un camp retranché de premier ordre.

La Défense de Verdun

Au lendemain de la paix de Francfort, Verdun prit une importance capitale dans la défense de notre nouvelle frontière. Devant elle passait la ligne d'invasion la plus directe et la plus stratégiquement avantageuse, Paris-Metz. Stratégiquement, Verdun devint le pivot d'une armée française opérant contre Metz, dans le cas d'offensive ou de défensive. On en fit le musoir nord de la digue qui devait dériver le flot ennemi, et un centre de dépôts, d'approvisionnements et de munitions ; un puissant appui et une forte base de manœuvres sur les versants des Côtes-de-la-Meuse et sur les deux rives de la Meuse.

Le périmètre de la forteresse est très irrégulier en raison de la constitution topographique de la région. Il n'est pas moins de 48 kilomètres ; ce qui indique une ligne d'investissement de 60 kilomètres.

Le champ de la bataille actuelle part de la rive droite de la Meuse, gagne le plateau, au nord de Verdun, que nous occupons à hauteur de Brabant-sur-Meuse, passé par les lisières nord des bois d'Haumont et des Caures. Des Jumelles d'Ornes notre ligne infléchit en se recourbant et passe, au sud des collines qui commandent la Woëvre, par le village d'Ornes. Nos positions ont une double orientation : la face gauche, vers le nord, la face droite au nord-est.

Les attaques allemandes commencèrent le 21 février au soir et voici, selon les sources françaises, leur développement :

21 février. — Violent bombardement des deux rives de la Meuse ; série d'actions d'infanterie violentes entre Brabant-sur-Meuse et Herbebois, toutes repoussées ; l'ennemi réussit à occuper le bois d'Haumont et le saillant de notre ligne au nord de Beaumont.

Bombardement continuel la nuit. Lutte violente de la rive droite de la Meuse jusqu'au sud-est d'Herbebois. Nous évacuons Haumont, en conservant ses abords. Nous réoccupons la majeure partie du bois des Caures que nous avions perdue la veille et nous arrêtons une forte attaque contre Herbebois. Duel d'artillerie dans la région de Haute-Charrière et de Fromezey.

21 février. — Bombardement ininterrompu de Malancourt jusqu'en face d'Etain. Actions d'infanterie allemande, à très gros effectifs entre Brabant-sur-Meuse et Ornes. Nous maintenons nos positions du débouché de Haumont. Nos contre-attaques enrayent les retours offensifs dans le bois des Caures, mais les Allemands pénètrent dans le bois de la Wavrille — est du bois des Caures, à gauche de la cote 327. — Nous arrêtons ses assauts contre Herbebois.

22 février. — Bombardement ininterrompu de Malancourt oblige à évacuer Brabant-sur-Meuse. Une attaque contre Samogneux est repoussée. Mais une brigade nous reprend une partie du bois des Caures.

24 février. — Nous nous établissons sur de judicieuses positions de repli. L'ennemi occupe le Moulin des Côtelettes, ravin des Fossés (sud de Beaumont) — ferme des Chambrettes — ravin de Bezonvaux (sud d'Ornes).

25 février. — Attaque allemande de la Côte du Poivre, puis vers le bois de la Vauche. Nous replions nos contingents de la Woëvre vers les Hauts-de-Meuse.

26 février. — Ce qui reste des terres et des maçonneries bouleversées de Douaumont est pris et repris à différentes reprises. L'ennemi échoue contre la Côte du Poivre et sur d'autres lignes.

27 février. — A Douaumont, nous encerclons les contingents qui tentèrent la dernière reprise et repoussons des attaques à la ferme d'Houtremont et à l'est de Douaumont. La poursuite de nos troupes, en repli de la Woëvre sur les Hauts-de-Meuse, échoue à Eix, à Warcq et à Marcheville.

28 février. — Arrêt de l'attaque allemande de la Côte du Poivre ; nous repoussons une attaque contre Douaumont et nous reprenons l'ouvrage à l'est. En Woëvre, échec d'une attaque allemande contre Fresne.

29 février. — Les Allemands se retranchent à la côte du Poivre et s'acharnent, sans succès, contre Douaumont (nuit du 28-29). En Woëvre, ils occupent Manheulles, sans pouvoir en déboucher.

1er mars. — Bombardement intermittent.

2 mars. — Diminution d'activité de l'artillerie à l'est ; bombardement violent entre Malancourt et Forges. A Fresnes-en-Woëvre, vive attaque dont nous avons raison.

3 mars. — Intensité de l'artillerie sur le Mort-Homme, la Côte du Poivre et Douaumont ; sur ce dernier point les Allemands pénètrent dans le village. A Vaux formidable attaque, au nord et au nord-est ; nos tirs de barrage et nos mitrailleuses l'arrêtent.

4 mars. — Efforts de l'ennemi sur la rive gauche contre la cote 304 et la cote de l'Oie. Bombardement intense sur le bois d'Haudremont et de la cote du Poivre ; attaques d'infanterie refoulées. A Douaumont, lutte acharnée au cours de laquelle l'ennemi réoccupe le village.

5 mars. — Entre le bois d'Haudremont et le fort de Douaumont, violente lutte d'infanterie, suivie d'un intense bombardement. Dans un bois à l'est de Vacherauville, nous repoussons une attaque d'infanterie. Fort bombardement de la région de la Woëvre.

6 mars. — Violente lutte d'artillerie, l'après-midi, à l'ouest de Douaumont ; intense toute la matinée entre Béthincourt et la Meuse, à la suite de laquelle l'ennemi s'empare de Béthincourt ; il ne put déboucher sur la cote de l'Oie.

7 mars. — Rive gauche, un intense bombardement ; double attaque qui permet à l'ennemi d'occuper Regnéville et la cote 265 et plus tard le bois des Corbeaux. Sur la rive droite, il s'empare d'une redoute voisine du bois d'Hardaumont, une de nos contre-attaques le refoule ; en Woëvre, il est à Fresnes.

8 mars. — Violent bombardement, sans action d'infanterie, sur les deux rives et en Woëvre ; nous bombardons Blanzée, Grimaucourt et les abords de Fresnes. Dans la journée, l'infanterie allemande échoue contre Béthincourt ; nous reprenons le bois des Corbeaux. Violente attaque sans succès du village de Douaumont, les Allemands réoccupent la redoute d'Hardaumont.

9 mars. — L'ennemi attaque Béthincourt et le bois des Corbeaux sans succès ; il est refoulé dans le secteur Douaumont-Vaux, malgré ses attaques massives.

A cette date, se terminent les deux premières phases de la bataille de Verdun.

Il résulte donc très nettement, qu'au cours de ces multiples alternatives, si nous avons perdu du terrain, notre front est toujours intact, le rempart n'a pas été ébranlé.

La *Gazette de Francfort* nous avait prévenu que la bataille de Verdun n'était pas finie. « Nous pouvons attendre le développement futur de l'action avec calme, écrivait-elle. L'infanterie allemande donnera bientôt aux Français une réponse à l'arme blanche ».

La menace est mise à exécution depuis trois jours, mais l'infanterie est restée bien calme. Nous ne la voyons plus, comme elle se montra dans les deux premières phases. Ce qui nous permet de suivre, dorénavant, la bataille de Verdun par période.

Du 10 au 23 mars. — Nos communiqués se résument : Violente attaque allemande contre nos ouvrages sur la ligne Béthincourt-Cumières ; attaque en masse, sur un front de quatre kilomètres ; quelques éléments se sont installés en deux points de nos tranchées entre Béthincourt et le Mort-Homme ; nos contre-attaques ont repris ce terrain.

A notre aile gauche, contre Vaux vigoureuse attaque pour prendre à revers, en cas de réussite, nos positions de Fleury et de Douaumont qui mettrait les Allemands de plain-pied sur les Hauts-de-Meuse.

Du 23 au 31 mars. — Après l'échec contre le Mort-Homme, six divisions allemandes ont livré le 24 mars cinq assauts contre Vaux, qui ont été repoussés. Puis, le 25, copieux arrosage des Bois Bourrus et de Montzéville, en vue de nous obliger à reculer vers le Bois des Corbeaux et de détruire nos batteries qui protègent si bien la région Béthincourt-Mort-Homme. Le 26, attaque d'infanterie contre le village de Vaux et le bois au sud de la ferme d'Haudiomont. Le 27, les batteries de Montfaucon bombardent la région au sud de Malancourt ; une division d'infanterie tente l'assaut contre le front Malancourt-Avocourt, précédée de porteurs de *flammenwerfer*, lançant des jets de liquide enflammé à 15-20 mètres des troupes. Cet acte de banditisme permet à l'ennemi d'occuper une faible parcelle du bois de Malancourt, puis le lendemain du bois d'Avocourt. Enfin, une dernière attaque sur le front Malancourt-Avocourt aboutit à l'occupation par l'ennemi du mamelon d'Haucourt, à l'ouest du Hameau de ce nom, dépendant de Malancourt.

Du 28 au 30, notre artillerie arrose copieusement cette position. Notre infanterie, après un vigoureux corps à corps, réoccupe 300 mètres en profondeur de la corne et prend le « réduit d'Avocourt ». Quatre tentatives des Allemands échouent successivement pour le reprendre ; d'heureuses contre-attaques nous livrent plusieurs boyaux ennemis.

L'ennemi s'empare des deux premières maisons de Malancourt, sans pouvoir déboucher plus loin. A la suite de nouvelles attaques d'infanterie et d'un violent bombardement, nous évacuons les ruines de Malancourt, pour nous reporter vers la cote 304. L'ennemi occupe Malancourt, mais ne peut en déboucher.

Le 31, vers 18 heures, les Allemands font plusieurs tentatives contre la cote 295 (massif du Mort-Homme). Tandis que l'infanterie gagne nos premières lignes, leur artillerie inonde la zone de *projectiles lacrymogènes*, grâce auxquels quelques effectifs prenaient pied dans des éléments de tranchées, d'où ils sont vite chassés. Une seconde attaque à l'ouest échoue comme la première.

En même temps sur la rive droite, le 30 au matin, l'ennemi a attaqué le plateau de Douaumont. Une fois de plus, les *flammenwerfer* précèdent les effectifs considérables à l'assaut du plateau ; deux fois les troupes ont été repoussées. Puis, l'après-midi, trois tentatives contre un ouvrage à l'est d'Haudiomont échouent.

Du 1er au 7 avril. — La position de Vaux permettait à l'ennemi d'utiliser le chemin de fer départemental Verdun-Fresnes-Ornes et les deux routes de Douaumont et du fort de Souville, qui se réunissent à Vaux, pour tourner nos positions de Douaumont, de Fleury et du fort de Vaux. Il importait aux Allemands de se rendre maîtres de ce terrain, dont il n'était plus question depuis le 10 mars.

Dans la nuit du 31 mars-1er avril, les Allemands abordent les pentes aboutissant à la cote 340, à l'ouest de la redoute d'Hardaumont. Nos tirs de barrage les arrêtent net. La même nuit, une deuxième attaque, par l'est, nous oblige à évacuer Vaux, nous laissant l'issue ouest à la jonction des routes Douaumont-Verdun.

Ce succès oblige l'ennemi à poursuivre ses attaques pour prendre à revers soit le plateau de Douaumont, soit le fort de Vaux. Le ravin entre ces deux points devient l'objectif ; nos tirs de barrage arrêtent l'attaque l'après-midi du 1er avril. Le 2 avril, après quatre attaques, les Allemands pénètrent dans le bois de la Caillette, au sud-est du fort de Douaumont ; nous les chassons en partie, dans la soirée.

Le 3, nos nouvelles contre-attaques repoussent l'ennemi jusqu'à la lisière septentrionale du bois de la Caillette et au nord de l'étang de Vaux ; la dernière nous fait reconquérir la partie occidentale de Vaux.

Le 4 avril, après un intense bombardement, vers 15 heures,

nouvelles et violentes attaques sur nos lignes à 300 mètres au sud de Douaumont. Chaque fois elles se replient en désordre, s'abritant au bois de Chauffour contre notre artillerie pendant que notre infanterie progresse au nord du bois de la Caillette.

Le 5 avril, à la cote du Poivre, violent bombardement et attaque. Nos tirs de barrage empêchent l'ennemi de sortir des tranchées au sud-ouest du fort de Douaumont et nos troupes progressent dans les boyaux ennemis sur une profondeur de 200 mètres et un front de 500.

Notre progression nous place à peine à 100 mètres de Douaumont village, puis nous débordons le fort par l'ouest tandis que notre avance au nord du bois de la Caillette le menace à l'est. L'ennemi tente de nous arrêter par une contre-attaque vers la ferme de Thiaumont et le bois de la Caillette.

Sur la rive gauche de la Meuse l'activité a été grande. L'occupation de Béthincourt permettait aux Allemands de se glisser entre les troupes françaises de la cote 304 et du Mort-Homme et de prendre à revers, par le sud-ouest, la cote 205 du Mort-Homme. Dans ce but l'ennemi dirige une attaque contre la corne sud-est du bois d'Avocourt et son réduit ; elle échoue et est suivie du bombardement de nos positions entre Haucourt et Esnes. Dans la soirée du 3 avril, notre artillerie maîtrise une vigoureuse attaque entre Haucourt et Béthincourt, pour franchir le ruisseau de Forges. Le 4, vers 14 heures, nouvel échec contre Haucourt, et repli sur Malancourt. L'artillerie allemande bombarde sans arrêt et avec une intensité grandissante, puis nouvelles attaques à gros effectifs déclanchées contre le secteur Avocourt-Béthincourt. Sur le saillant de Béthincourt nous brisons l'élan, mais au centre l'ennemi réussit, pendant la nuit, à prendre pied dans le hameau d'Haucourt. De notre côté, nos troupes débouchant d'Avocourt ont enlevé une large portion du bois Carré.

Depuis le 4 avril, Béthincourt, Esnes et Montzeville subissent un violent bombardement, puis une attaque se déclanche dans la nuit du 6 au 7 contre nos positions au sud-ouest de la cote 265, entre la cote et Béthincourt. L'infanterie allemande prend pied dans nos premières lignes parallèles à la route Béthincourt-Chattancourt ; nos contre-attaques l'en chassent, sauf en quelques éléments. Notre progression d'Avocourt donne à notre ligne de défense une forme rectiligne de Béthincourt à Avocourt, et permet à nos troupes de prendre à revers l'ennemi qui s'avancerait contre la cote 304.

Du 8 au 15 avril. — Le communiqué du 8 nous apprend qu'après un bombardement violent, une attaque allemande est partie de Haucourt, en deux colonnes ; celle de l'est subit un échec meurtrier, celle du sud réussit à s'accrocher à deux petits ouvrages voisins d'Haucourt, sur le glacis de la cote 287. Du côté de Béthincourt, nous progressons à la grenade. Sur la rive droite, au nord de Vaux nous repoussons une attaque.

C'était la préparation d'un événement plus important. Le 8 avril au soir, notre haut commandement rectifie notre front en abandonnant Béthincourt, sans que l'ennemi s'en aperçut.

Dimanche 9, après un court et violent bombardement, de gros effectifs allemands débouchent de Malancourt contre notre secteur Avocourt-Haucourt ; d'un autre côté de Malancourt et des tranchées voisines d'autres contingents, massés dans le bois de Cumières, se lancent contre le Mort-Homme. L'ennemi est repoussé sur les deux points avec des pertes élevées ; il ajoute un troisième échec par une diversion sur Douaumont-Vaux.

Le 11, en vue de reconquérir le bois de la Caillette où nos progrès s'affirment chaque jour un bombardement d'artillerie lourde allemande est le signal d'une action. Il cesse vers 2 heures. Nos troupes reprennent leurs postes de combat, qu'elles avaient abandonnés pour s'abriter. Elles sont à peine établies qu'une pluie d'obus lacrymogènes et de jets de gaz asphyxiants les inondent pendant une heure. Puis à 16 heures deux colonnes d'assaut sortent des bois au nord et à l'est du chemin Vaux-Fort de Douaumont. Nos troupes réussissent en partie à arrêter leur élan ; sur quelques points l'ennemi s'infiltre ; une contre-attaque le chasse.

Le 12, à la fin de la journée après une nuit calme, les Allemands attaquèrent la cote 304. Notre artillerie maintient les colonnes, dans les bois de Malancourt. La soirée se passe sans attaque d'infanterie, mais notre front cote 304-Mort-Homme-Cumières est bombardé.

La semaine se termine par une accalmie complète pour l'infanterie mais un bombardement ininterrompu d'artillerie sur la rive gauche.

Du 15 au 23 avril. — Les échecs allemands se multiplient sous Verdun. Le communiqué du 16 avril nous apprend que le 15, une attaque contre Douaumont, réussit à nous faire occuper quelques éléments de tranchées.

Le 17 au matin, après une série de combats heureux, nos troupes débordaient Douaumont-village, progressaient sur la cote 310 et sur les pentes de Douaumont-Bras ; elles gagnaient du terrain à hauteur du bois d'Ablain. Il importait à l'ennemi de nous arrêter ; un violent bombardement arrosa nos positions et, à 14 heures, deux divisions tentèrent de nous déloger des hauteurs qui dominent le ravin de Douaumont à Bras. Nos tirs de barrage et nos mitrailleuses mirent facilement l'ennemi à la raison.

Un bombardement de six jours contre nos positions et un copieux arrosage de mitraille six heures avant l'assaut ont permis à l'ennemi de prendre pied dans un saillant au nord de la route Douaumont-Bras, au sud du bois du Chauffour. Il en fut chassé le lendemain.

Sur la rive gauche, violent bombardement par l'artillerie des positions de notre front Mort-Homme-Cumières-Bois d'Avocourt.

Après la dure journée du 10 avril, l'ennemi s'était emparé de quelques tranchées sur les pentes nord accédant au sommet du Mort-Homme. Le 20, après une préparation d'artillerie, une attaque d'infanterie nous rend ces tranchées.

En même temps, sur les pentes de Vaux-village conduisant au fort de Douaumont, une violente attaque de notre infanterie enlève la redoute qui assurait la défense du saillant formé par les premières lignes allemandes et qui gênait nos communications avec la partie ouest de Vaux.

Le lendemain, 60° journée de la bataille, dans la région du Mort-Homme, nous progressons et enlevons une tranchée au nord du bois des Caurettes. Nous refoulons l'ennemi de nos lignes au sud du fort de Douaumont et au nord de l'Etang de Vaux ; dans le secteur sud du bois d'Haudremont, nous délivrons des blessés français prisonniers.

Du 24 au 30 avril. — Nos troupes ont bénéficié d'une trêve de Pâques relative. Au cours de la nuit du 23-24 avril, elles dispersent quelques reconnaissances au sud-est d'Haucourt, sur les pentes ouest de la cote 304. Elles progressent dans les boyaux ennemis, après quelques petits combats à la grenade, au nord-ouest du bois des Caurettes, direction du bois de Cumières.

Le 24, deux attaques successives puis un violent bombardement contre nos positions au nord de la cote 295 ; puis un troisième assaut, accompagné de liquides enflammés. Nos tirs de barrage brisent ces attaques. Attaque du bois d'Avocourt pour reprendre les postes avancés qui assuraient la sécurité de notre réduit central.

La grosse artillerie ennemie arrose le terrain d'Esnes à Cumières et les environs du fort de Souville ; les champs sont complètement labourés. Ce bombardement exagéré prélude à l'attaque d'un élément de tranchée au nord du fort de Vaux par un petit détachement qui dût se replier.

Sur la rive droite, front Haudiomont-ferme Thiaumont et entre Douaumont et Vaux, nos tirs de barrage empêchent deux attaques de sortir des tranchées. Le 29, après un bombardement des régions d'Avocourt et d'Esnes, l'artillerie canonne le secteur du bois de Malancourt, et nos positions entre la côte du Poivre et Douaumont. Le 30, vers 17 heures, les Allemands se massent dans les boyaux au nord de la cote 304, en vue d'une action d'ensemble contre nos lignes. Nos troupes et notre artillerie les dispersent avant qu'elles débouchent. L'ennemi se venge par un violent bombardement de nuit.

Sur la rive droite, après une violente préparation d'artillerie, une vigoureuse attaque, avec liquides enflammés, se développe contre nos tranchées à l'ouest de la ferme de Thiaumont. Un fauchage en règle des 75 et des mitrailleuses l'arrête en lui infligeant de grosses pertes. Entre Douaumont et Vaux une diversion échoue aussi.

Du 1er au 6 mai. — Désormais, nos troupes ne laissent plus à l'ennemi la direction des attaques.

Après un vif bombardement de la région d'Avocourt-Esnes, nos troupes prennent l'offensive. Les Allemands tentent d'arrêter cet effort.

Nos héroïques soldats ont rétabli l'équilibre, la route est désormais barrée et les événements vont nous montrer un adversaire marquant le pas d'abord, reculant ensuite.

Nous avions à déloger l'ennemi d'une partie des tranchées qu'il tenait sur les pentes nord du Mort-Homme, et vers le nord-ouest de la cote 265, d'où il prenait en enfilade nos dernières conquêtes.

Après une longue préparation d'artillerie le 3 mai au soir, nos vagues d'assaut déferlèrent du Mort-Homme et en chassèrent les Allemands.

Pendant la nuit du 3 au 4, nous avons attaqué les tranchées laissées aux Allemands entre le Mort-Homme et le ruisseau des Forges. Notre artillerie d'abord, les grenades puis les baïonnettes nettoyèrent la région.

L'importance de cette perte décida le haut commandement allemand, à la fin de la journée, à tenter une offensive; une rafale de notre 75 l'arrête net.

Puis ce fut un repos pour l'infanterie, tandis que l'artillerie allemande menait un vigoureux bombardement auquel répondit la nôtre, préparant pour la semaine suivante d'importantes actions.

Du 7 au 14 mai. — Le 7 au matin, les Allemands jugeant la préparation suffisante, lancent deux brigades bavaroises et une division de troupes fraîches à l'attaque de la cote 304. Une ligne de ses tirailleurs, du côté nord-ouest de la cote 304, paraît vouloir prendre à revers la position principale. Puis surgissent des tranchées entre la cote 304 et le Mort-Homme les colonnes d'assaut sur un front de trois kilomètres environ, poussant des « hourras » formidables. Au prix de milliers de cadavres, les Allemands ont pénétré dans un ravin entre le Mort-Homme et la cote 304 et s'abritent dans un boyau. Cette conquête permet à l'ennemi de menacer la cote 304 et le Mort-Homme. Dès le 8 au matin, nous l'avions reprise.

Pendant cette action le bois d'Avocourt et sa région sont bombardés à outrance. L'après-midi la cote 287 au sud d'Haucourt, à l'ouest du chemin Malancourt-Esnes subit une violente attaque que nos feux de barrage et nos mitrailleuses arrêtent.

Après un bombardement de nuit du 8 au 9, à l'aube, trois divisions allemandes attaquent la cote 304 : à l'aile droite, une division contre les bois à l'ouest de la cote 304 ; au centre, une autre division contre la cote 287 ; à la gauche, une troisième division contre nos tranchées au nord-est de la cote 304.

L'intensité de la lutte fut contre la cote 287 ; grâce au défilement que procure le vallon du ruisseau des Forges, les premiers éléments d'assaut se glissent jusqu'à notre première ligne. Arrêtés par notre 75 et nos mitrailleuses, ils reculent et toutes leurs tentatives avortent. A droite, la baïonnette, la grenade interviennent et repoussent les assauts à travers les taillis et les barricades de troncs d'arbres. A la gauche, même intensité du combat et même insuccès.

Sans donner le temps de relever les milliers de blessés qui couvrent le terrain, le 9 au matin, une nouvelle action est engagée contre cette cote 287. A la première heure commence un violent bombardement ; vers midi deux divisions d'infanterie attaquent.

Débouchant du bois de Malancourt, une division monte à l'assaut sous nos feux d'enfilade de la corne sud-est du bois d'Avocourt ; notre artillerie l'arrête net. L'autre attaque part du vallon du ruisseau des Forges, contre le front nord de la cote 287 ; l'élan de ses troupes est tel que nos rafales d'artillerie ne les empêchent pas de prendre pied en certains points. Mais ce succès est de courte durée ; nos troupes reprennent bientôt ce terrain. Pendant cette action quelques contingents français font irruption dans une tranchée sur les pentes nord-ouest du Mort-Homme.

Rive droite. — Le 7 mai, après une préparation d'artillerie les Allemands poussent une violente attaque contre nos tranchées entre le bois d'Haudiomont et le fort de Douaumont. Durant plusieurs heures, les colonnes d'assaut sont refoulées ; en fin de combat, elles réussissent à occuper 500 mètres de tranchées qu'elles reperdent aussitôt.

Le 8 une des contre-attaques nous rendit la plus grande partie de notre ligne perdue.

Dans la région de Vaux, vers deux heures du matin, le 11 mai, à la faveur des accidents de terrain, l'ennemi s'avança à l'ouest de l'étang de Vaux d'où il fut refoulé à la baïonnette et à la grenade.

Du 14 au 19 mai. — Sur la rive gauche, pendant la nuit du 13 au 14, nous élargissons les abords de la cote 287 et chassons les Allemands des tranchées qu'ils nous avaient enlevées. La corne sud du bois d'Avocourt et notre secteur à l'ouest de la cote 304 sont copieusement arrosés. Vives attaques contre les pentes nord-est du Mort-Homme.

Sur la rive droite, six assauts successifs sont repoussés contre nos positions au sud-est du fort de Douaumont. Au nord de la ferme de Thiaumont, au cours de la nuit, nos tirs de barrage arrêtent une tentative ennemie.

Dans l'après-midi du 16, deux bataillons abordent nos lignes avancées à l'ouest de la cote 304, que nos tirs de barrage arrêtent.

Le bombardement continue sur la rive gauche. Dans la nuit du 16 au 17, l'infanterie tente de nous enlever le réduit d'Avocourt; elle échoue.

Pendant cette attaque, nos troupes réussissent vers 3 heures du matin, un coup de main contre une tranchée au nord de la cote 287; elles occupent un fortin au nord-est de la cote 304, et déblaient le terrain entre cette cote et le Mort-Homme. Le 17, à 5 heures du soir, une brigade allemande attaque le bois d'Avocourt, une seconde brigade nos lignes à l'ouest de la cote 304 et une troisième le front nord. Nos rafales d'artillerie et nos mitrailleuses les arrêtent.

Sur la rive droite de la Meuse, au nord-ouest de la ferme de Thiaucourt, une compagnie allemande échoue dans une tentative contre nos postes d'écoute.

Du 19 au 28 mai. — Dès le samedi 20, après un copieux bombardement, les Allemands attaquent la cote 304 à Cumières.

A 3 heures, les colonnes d'assaut sont lancées. Leurs premières vagues réussissent à aborder nos premières lignes de tranchées bouleversées. Notre vigoureuse contre-attaque remet vite les choses en place.

Au nord et à l'ouest la lutte est plus acharnée. Les colonnes allemandes réussissent à occuper plusieurs points de nos tranchées avancées sur la pente nord du Mort-Homme, même dans notre deuxième ligne. A la fin de la journée, l'équilibre était rétabli.

Mais l'ennemi ne se tient pas pour battu. Il fait effort contre les positions à l'est du Mort-Homme, et réussit à prendre pied dans une tranchée de première ligne. Poussant plus loin il étend son front du bois d'Avocourt à la Meuse. Il n'est pas heureux dans ce développement, car à notre droite on lui enlève deux tranchées sur la route d'Esnes à Haucourt

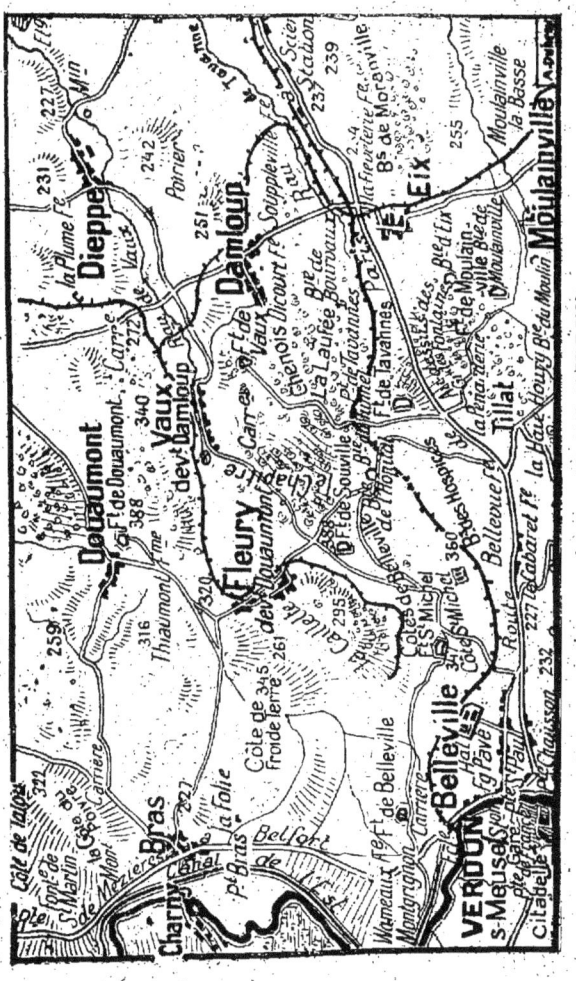

RÉGION NORD-EST DE VERDUN

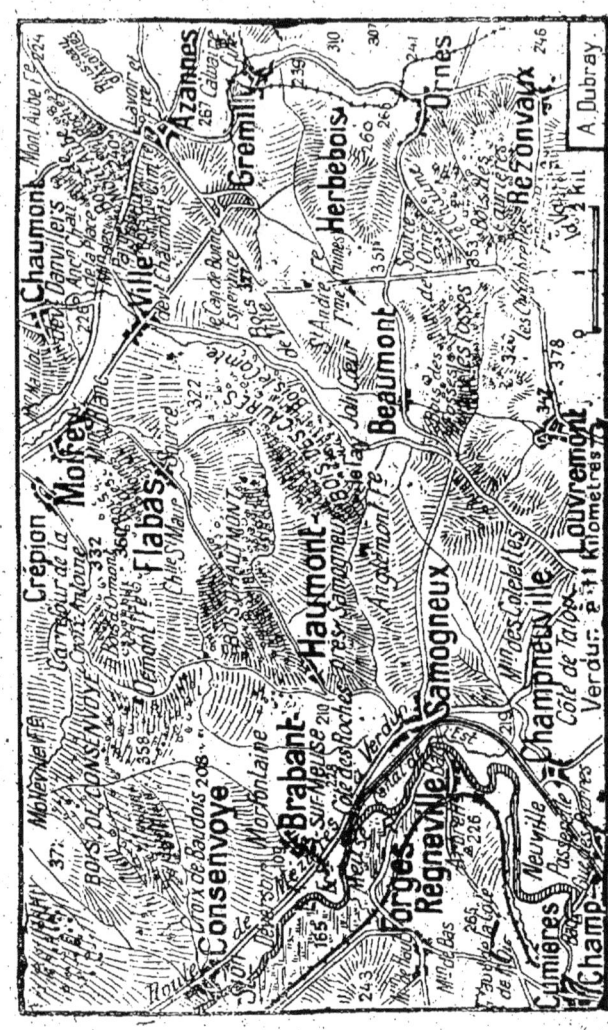

RÉGION NORD DE VERDUN

et notre artillerie le chasse d'un fortin, au sud de la cote 287, dont il s'était emparé le 18.

Une attaque à l'est de la cote 304, pour s'infiltrer dans le vallon où coule le ruisseau d'Esnes, réussit à s'installer dans une tranchée de première ligne ; notre contre-attaque la déloge. Sur les pentes ouest du Mort-Homme nos grenades brisent rapidement une attaque et notre 75 a raison des renforts qui suivent à moins de 200 mètres.

En résumé, dans la nuit du 20-21 mai et dans la journée du 21 et la nuit du 21 au 22, la lutte a été opiniâtre, avec des alternatives diverses pour les deux partis. Les Allemands échouent, en fin de compte, et nos troupes regagnent du terrain sur le Mort-Homme.

Cette vigueur de l'attaque allemande était, pour nous, le moment d'épuiser encore plus l'ennemi. Nous progressons à la grenade dans le bois d'Avocourt et le chassons de plusieurs points qu'il occupe. A l'ouest du Mort-Homme, nous arrêtons toutes ses tentatives et reprenons le terrain perdu. Malheureusement ces succès ont comporté des revers. Dans la nuit du 23 au 24, des éléments allemands pénètrent dans Cumières. Une première contre-attaque nous rend nos tranchées sur la lisière sud du village.

Dans la nuit du 24 au 25, nous avons progressé à l'est de Cumières dont les Allemands tiennent la lisière sud.

Sur la rive droite nous avons exécuté quelques démonstrations offensives, dans le secteur de Douaumont, et aux carrières de Haudromont. L'ennemi, surpris, se hâta de se replier. Nous lui enlevons aussi une tranchée aux abords de Vaux. Puis notre artillerie lourde couvre de projectiles le terrain entre la ferme de Thiaumont et le fort de Douaumont, détruisant les défenses en avant des tranchées. Nos colonnes d'assaut enlèvent deux kilomètres de tranchées ; à l'aile droite elles pénètrent dans le fort de Douaumont par le sud et par l'ouest. L'ennemi se réfugie dans la partie nord et appelle ses réserves. Après une courte concentration dans les bois d'Haudiomont, du Chauffour et des Balisseaux, à la faveur d'une nuit très claire, les masses allemandes atteignirent nos tranchées au nord de la ferme de Thiaumont, et en occupèrent 200 mètres.

L'attaque contre le fort même fut moins heureuse. L'artillerie allemande continua la bataille, et vers 10 heures un nouvel assaut d'infanterie se brisa encore contre nos lignes.

Dans la nuit du 23 au 24 et la matinée du 24, les vagues d'assaut allemandes se sont brisées contre notre conquête. L'après-midi, ce fut une succession d'assauts qui se brisèrent contre notre artillerie. A la fin de la journée, de nouveaux renforts permirent aux Allemands d'occuper les ruines du fort.

La bataille a continué le 25 mais sur le front restreint Haudiomont-Thiaucourt, contre les carrières d'Haudiomont, menée par de gros effectifs. L'ennemi réussit à occuper un de nos éléments de tranchées, au nord des Carrières. La lutte a été plus rude à partir de cinq heures du soir, grâce à l'arrivée de nouveaux contingents débouchant à la fois du bois d'Haudiomont et du bois d'Ablain. Notre artillerie et nos mitrailleuses les arrêtèrent. Mais des troupes fraîches menacent fortement notre centre et notre gauche ; plusieurs fois, elles abordent nos premières lignes et, en fin de journée, prennent pied dans un élément de tranchées.

Du 27 mai au 4 juin. — Le 27 mai, après deux assauts, nous prenons Cumières à revers ; le second assaut vers l'ouest amène notre première colonne au moulin à la lisière du village, puis à l'intérieur, disputant maison par maison ; une autre colonne enlève la série de tranchées au nord-ouest. Les Allemands restent maîtres d'une partie du village faisant saillie dans notre ligne.

Au même moment, nous rectifions notre front à la cote 304 et au Mort-Homme en enlevant quelques tranchées.

Le kronprinz tente de réparer ces échecs le 28. Dès 7 heures du matin, après un copieux bombardement, ses colonnes franchissent la lisière du bois des Corbeaux ; elles furent immobilisées de suite. La grosse artillerie allemande recommence une préparation, puis second assaut de l'infanterie, suivi d'autres encore, arrêtés chaque fois par nos tirs de barrage. Après-midi, nouvelles attaques menées par une division ; la dernière vague nous fait céder 300 mètres de tranchées.

A la cote 304, vers 3 heures, une brigade allemande déclenche une attaque ; à 5 heures, nouvel assaut, avec insuccès.

Le 29 mars, à la chute du jour, deux divisions allemandes attaquent le secteur Mort-Homme-Cumières. La lutte est vive à notre gauche. A droite, la garnison de Cumières tente de nous déloger sans succès. Au centre nous perdons quelques éléments de tranchées, que nous reprenons. En fin de compte, après de multiples attaques, quelques contingents occupent des éléments de notre première ligne, sans modifier notre front.

La journée du 30 est une incessante action de grosse artillerie contre la région de Cumières. A la chute du jour, les vagues sortent du bois des Corbeaux et de Cumières. Nos mitrailleuses font une véritable boucherie. Pendant la plus grande partie de la nuit, les ruées se multiplient, mais reculent chaque fois.

Au centre, le bombardement a comblé nos premières tranchées ; les Allemands s'y établissent sans progresser. A l'aile droite, les masses sorties de Cumières nous obligent un moment à céder le terrain le long de la route et du chemin de Chattancourt et menacent nos défenseurs du Mort-Homme. Nos contre-attaques rétablissent la situation et nous chassons les contingents qui s'étaient infiltrés entre Cumières et la Meuse. Mais le 31, vers 8 heures du soir, deux fortes colonnes allemandes attaquent nos flancs et, sur certains points, franchissent nos tirs de barrage. Notre infanterie les refoule et leur inflige de grosses pertes.

Sur la rive droite de la Meuse, après l'échec de diverses tentatives contre Douaumont, l'ennemi se contente de le bombarder jusqu'au 1er juin. Le 31 mai, il entreprend une violente offensive entre la ferme de Thiaumont et l'étang de Vaux. Nos troupes à l'aile gauche résistent superbement aux assauts multiples ; à l'aile droite, entre le fort de Douaumont et l'étang de Vaux, les Allemands occupent nos premières lignes complètement bouleversées par trois jours de bombardement.

Du 4 au 11 juin. — Après une héroïque résistance pendant huit jours, sous une pluie de fer et de mitraille inconnue dans aucune bataille, le fort de Vaux est tombé aux mains de l'ennemi.

Notre recul au delà de Damloup facilite la tâche allemande et lui permet de prendre de flanc la batterie de Damloup, bois du Chênois et de la Laufée.

La prochaine bataille comportera un effort de l'ennemi pour accentuer son mouvement offensif à l'ouest du fort de Vaux, sur les pentes du bois Fumin et la cote 349. Mais il devra compter avec les feux convergents des batteries de Fleury, de Souville et de Tavanne dont le tir de plein fouet sera des plus offensifs.

En dehors de la chute de Vaux, cette semaine a été marquée, sur la rive gauche, par un intense bombardement de la région cote 304 et Chattancourt.

Sur la rive droite, violent bombardement d'abord, puis attaques successives d'infanterie à l'ouest et à l'est de la ferme de Thiaumont, arrêtées par nos tirs de barrage.

Du 12 au 18 juin. — Les Allemands continuent le bombardement de nos positions, particulièrement dans la région de Chattancourt et de Souville. Dans la journée du 12, quelques violentes attaques, à l'ouest de la ferme de Thiaumont, ont permis aux Allemands de pénétrer dans des éléments de tranchées sur les pentes est de la cote 321. Le 15, après une préparation d'artillerie, notre infanterie s'empare d'une tranchée sur les pentes sud de la cote 295 (Mort-Homme).

Sur la rive gauche de la Meuse, pendant la nuit du 16 au 17 juin, les Allemands échouent contre la redoute du bois d'Avocourt et nos postes barrent la route Esnes-Malancourt.

Du 18 au 25 juin. — Les 17, 18 et 19 juin, bombardement intense des tranchées que nous avons enlevées au Mort-Homme et de nos deuxièmes lignes dans la région de Chattancourt. Nouveau bombardement le 20 suivi de plusieurs assauts, tous repoussés les 20 et 21. Le 22, à 6 heures du soir, après un copieux bombardement du Mort-Homme, de la cote 304 et de nos lignes d'Esnes à Chattancourt, les Allemands attaquent violemment nos positions à l'est de la cote 304 et près du ruisseau de Béthincourt, sans succès.

Sur la rive droite, le 16, nous rejetons l'ennemi de la partie boisée au nord de la cote 321. Le 18, une contre-attaque allemande sur ce point échoue entièrement. L'infanterie tente à deux reprises, au cours de la nuit, de reconquérir la cote 321 ; les mitrailleuses et les tirs de barrage l'arrêtent. Le 21, dès l'aube, la grosse artillerie bombarda nos positions de la cote 321 jusqu'au fort de Vaux, couvrant de projectiles les bois du Chapitre, Fumin et du Chesnois. Une vigoureuse attaque se déclenche contre le glacis de la défense de Souville, constitué par les bois du Chapitre, du Fumin et du Chesnois. A trois reprises différentes, les colonnes allemandes se brisent contre notre résistance. En fin de soirée, une attaque plus formidable que les autres réussit à pénétrer dans un bois, au sud-est du bois Fumin, une de nos contre-attaques le reprend. A minuit, une cinquième attaque sur tout le front bois Fumin-est du Chesnois permet à l'ennemi de prendre pied dans quelques éléments avancés entre les deux bois ; notre contre-attaque nous les rend. Un bombardement intense sévit sur le front nord du fort de Thiaucourt et les avancées des forts de Souville et de Tavannes.

Du 26 juin au 2 juillet. — Les Allemands abusent, chaque jour, de fonte et d'hommes. Un violent bombardement du secteur d'Eix et du village de Moulainville paraît devoir être suivi d'action d'infanterie : il n'en fut rien. Les secteurs d'Avocourt et de Chattancourt n'ont pas été attaqués, malgré une vive préparation d'artillerie ; une attaque contre la cote 304 avorte. Devant l'ouvrage de Thiaumont, malgré un bombardement de plusieurs heures, l'ennemi est repoussé.

Du 2 au 9 juillet. — L'ouvrage de Thiaumont est à nouveau détenu par les Allemands. Le bombardement est toujours violent sur les deux rives.

Du 10 au 16 juillet. — Le plateau de Souville, le village de Fleury et le bois du Chênois subissent un bombardement de plus en plus violent.

Le 18, dès l'aube, l'ennemi attaque nos lignes au nord-est du fort de Souville, ses premières vagues réussissent à prendre pied à l'ouest de la lisière du bois Fumin et au nord du bois du Chênois ; nos troupes rétablissent l'équilibre.

Un peu plus tard, ce fut le front Fleury-Bois de Vaux-Chapitre-le Chênois. Après une série d'échecs successifs, les Allemands prennent pied dans la batterie de Damloup et dans quelques éléments avancés du bois Fumin, d'où nos contre-attaques les délogent.

Du 16 au 23 juillet. — Il semble que l'action de Verdun passe au second plan.

Le 16, une heureuse attaque de notre infanterie nous vaut quelques progrès à l'ouest et au sud de Fleury. Dans la nuit du 16 au 17, les Allemands tentent un coup de main contre la cote 304 sur la rive gauche, et contre les abords de la Chapelle Sainte-Fine, au nord du fort de Souville, sur la rive droite : ces tentatives sont repoussées. Nous avons répondu, le 18, par une progression à la grenade aux abords de Sainte-Fine.

L'artillerie allemande bombarde activement le secteur du fort de Souville ; au sud de Fleury, nous enlevons un ouvrage puissamment organisé.

Du 23 au 30 juillet. — Le cratère de Verdun vomit de moins en moins. Si le bombardement allemand continue toujours vigoureux, il n'en est pas de même de l'action de l'infanterie. Le 23, nous repoussons une attaque simultanée à Damloup et à Fleury, puis nous progressons. Dans la nuit du 24 au 25 nous reprenons une redoute à l'ouest de l'ouvrage de Thiaumont. Le 25 les Allemands attaquent nos tranchées de la cote 304 ; ils sont repoussés.

Depuis, l'infanterie allemande dessine de très faibles tentatives contre nos lignes au nord de la Chapelle Sainte-Fine. Sur tout le reste du secteur de Verdun, c'est toujours l'artillerie qui a la parole.

Du 30 juillet au 6 août. — Les Allemands mènent une attaque contre la cote 304, puis le long de la voie ferrée économique qui suit le ravin de Fleury, en vue d'enlever la redoute qui barre le ravin et de déborder par l'ouest le fort de Souville. Ils cèdent sous la poussée de nos troupes au nord de la Chapelle-Sainte-Fine et dans la région de Thiaumont. Devant cet insuccès ils reprennent le bombardement intense du secteur Bois Fumin, le Chesnois et Chapelle Sainte-Fine, puis des attaques contre la redoute au sud de Fleury et contre nos positions à l'ouest de l'ouvrage de Thiaumont. Le 31 juillet, nous occupons les tranchées avancées au sud-ouest de Fleury.

L'activité allemande se manifeste le 1er août par une attaque contre le secteur de Thiaumont, une autre contre Vaux-Chapitre-le-Chênois, que nos tirs de barrage brisent facilement. Dans la soirée, nous progressons au sud de l'ouvrage de Thiaumont, que nous enserrons à l'ouest et au sud.

Le 2 août, attaque du front allemand de la Meuse, en avant de Vacherauville jusqu'au sud de Fleury. Le lendemain nous réussissons à déloger l'ennemi de ses positions au nord du fort de Souville, du ravin et du village de Fleury et dans le secteur du Chênois. Nous reprenons le terrain perdu.

Du 7 au 13 août. — Thiaumont a changé deux fois de maître. Dans la journée du 7 août, nous nettoyons les dernières tranchées allemandes au sud de la ligne Thiaumont-Fleury et augmentons notre gain dans Fleury.

Le 8, les Allemands reviennent à l'assaut de Thiaumont et des lignes de Fleury. Au centre et à droite, ils échouent ; à gauche, ils reprennent pied dans Thiaumont, que nos contre-attaques leur enlèvent.

A ce moment, une diversion dans le secteur Vaux-Chapitre-le Chênois, met en nos mains la première ligne, sur certains points la seconde ligne allemandes. Enfin, le 9, une nouvelle attaque contre Thiaumont, dix fois repoussée, dix fois ramenée aboutit pour l'ennemi à semer de cadavres le terrain.

Depuis, le mauvais temps nous a imposé un arrêt de courte durée en présence d'une violente canonnade contre Thiaumont.

Du 13 au 20 août. — Au cours de la nuit du 12 au 13, nous repoussons deux fortes attaques contre nos tranchées de Fleury et progressons au sud de l'ouvrage de Thiaumont. Le 13, les Allemands échouent devant nos positions au sud d'Avocourt; près de Fleury nous gagnons du terrain. Ces succès partiels se continuent au nord de la Chapelle-Sainte-Fine par l'occupation de 300 mètres de tranchées allemandes nous permettant de reporter notre front à cent mètres au nord, en prononçant un saillant très accusé dans le front allemand.

Du 20 au 27 août. — Nous reconquérons entièrement Fleury et progressons entre Thiaumont et Fleury ; au nord-ouest de l'ouvrage de Thiaumont, nous enlevons deux redoutes fortement organisées et à l'est du secteur de Vaux-Chapitre nous déclenchons une heureuse attaque. La journée du 20 nettoie Fleury des derniers Allemands réfugiés dans les ruines.

Ces succès de Fleury et de Thiaumont provoquent pendant la semaine des contre-attaques allemandes en vue de reprendre les pertes, toutes échouent.

En septembre. — Depuis le 1er septembre, nos vaillantes troupes ont cueilli de nouveaux lauriers. Après avoir été chassés de Fleury, les Allemands s'étaient fortifiés sur une colline à l'est d'où ils pouvaient manœuvrer contre nos positions de Fleury et de Souville. Une sérieuse préparation d'artillerie bouleversa leurs travaux allemands ; nos colonnes d'assaut achevèrent le nettoyage. Nous repoussons le 14 deux attaques contre nos nouvelles positions du bois de Vaux-Chapitre. Le 15, échec de deux nouvelles attaques contre nos lignes à l'ouest du fort de Vaux. Lutte d'artillerie très vive dans les secteurs de Thiaumont, Fleury, Vaux-Chapitre. Le 17, nos troupes s'emparent d'une tranchée allemande sur les pentes sud du Mort-Homme. Le 18 septembre, échec d'un coup de main allemand contre un de nos petits postes au nord d'Avocourt, et de deux contre-attaques sur la tranchée que nos troupes conquirent le 17, sur les pentes sud du Mort-Homme.

La bataille continue. Elle nous apparaît comme le moribond aux prises avec les affres de la mort : le pouls se ralentit, le souffle est à peine perceptible, c'est le commencement de l'agonie.

Les raisons de notre confiance

Quand l'attaque du 21 février 1916 se produisit, ce fut une surprise. Rien ne la justifiait à cette époque. On prétend que les Allemands y cherchèrent la trouée stratégique qu'ils n'avaient pas obtenue sur la Marne ou sur l'Yser. Il suffit pour détruire cette présomption de se souvenir que Verdun est distante de Paris de 220 kilomètres, alors que tant d'autres points du front allemand sont à moins de 100 kilomètres; de savoir que la chute de Verdun n'aboutirait à aucune solution, nos positions pouvant être reportées sur les crêtes du bassin parisien. Puis, pourquoi, si c'était son intention, l'Allemagne n'a-t-elle pas tenté l'opération au début de la guerre, alors qu'elle disposait de toutes ses forces ?

Les raisons données par le grand état-major allemand ne sont pas plus soutenables : Verdun cœur de la France ; Verdun rectifiant le front allemand ; Verdun empêchant une attaque française de Metz ; Verdun faisant l'émeulage de l'armée française pour l'affaiblir en vue de son offensive ultérieure.

La vérité est ailleurs.

Il fallait frapper un grand coup contre une force indiscutée. On choisit Verdun de préférence à Belfort. Belfort était trop excentrique et trop voisine de la Suisse ; Verdun était plus près de l'arsenal de Metz.

Après avoir enregistré des succès dûs à la surprise et à des causes que nous taisons, les Allemands eurent à compter avec des chefs, inconnus hier, actuellement compris parmi les plus éminents généraux, les généraux Pétain et Nivelle, comme ils avaient eu à compter avec Castelnau devant Nancy et Foch sur l'Yser — ils comptent aujourd'hui avec ce dernier dans les plaines de Picardie.

En un clin d'œil, la défense de Verdun fut transformée. Contre les poitrines de nos héroïques troupes et contre notre artillerie formidable, l'Allemagne jeta dans la fournaise bataillons sur bataillons, et son artillerie vomit des tonnes d'acier, de fer et de fonte.

Après avoir semé le terrain de tumulis, dans lesquels dorment tant de vies moissonnées sans profit, l'Allemagne est contrainte de continuer la bataille. Chaque jour elle s'affaiblit, et la diminution de la violence de la lutte témoigne de la diminution de sa vigueur militaire. Ce que l'attaque de Verdun ne lui a pas procuré au début, elle ne le lui procurera pas au 213e jour, parce que les troupes qui sont devant la forteresse ne peuvent plus compter que sur elles-mêmes.

Russes, Serbes, Roumains, Italiens ont ouvert une nouvelle tenaille dont les puissantes mâchoires mordent un peu plus chaque jour ; sur le front le plus rapproché de Verdun, Anglais et Français tiennent l'ennemi sous la formidable poussée qui se déroule dans les plaines de Picardie.

Et c'est grâce aussi à Verdun — c'est pour elle un titre de gloire de plus — si cette offensive frappe de ses coups redoublés la bête furieuse.

Honneur à Verdun qui, avec la Marne et l'Yser, symbolise les grandes heures de la Fortune française en cette guerre ; Honneur à Verdun qui a fait pâlir l'auréole militaire de l'Allemagne ; Honneur à Verdun et à ses héroïques défenseurs qui ont permis aux troupes de « l'Entente », grâce à l'offensive qu'elles mènent sur tous les fronts, de préparer l'heure de la justice et de la réparation de tant de forfaits et d'iniquités.

Sur les ruines et sur les deuils accumulés par cette héroïque défense, Verdun renaîtra et, à travers l'histoire, son nom « continuera de retentir comme une clameur de victoire et comme un cri de joie poussé par l'humanité délivrée ».

Deux grands Chefs

Les événements de Verdun ont révélé deux grands chefs, que l'âge de la retraite allait atteindre dans le grade de colonel.

LE GÉNÉRAL PÉTAIN

Le général Pétain (Henri-Philippe-Benoni-Omer-Joseph), est né, le 24 avril 1856, à Cauchie-à-la-Tour (Pas-de-Calais). Il entra à Saint-Cyr le 25 octobre 1876 et en sortit sous-lieutenant le 1er octobre 1879 ; il conquit successivement ses grades : lieutenant le 28 avril 1884, capitaine le 22 mars 1890 ; breveté d'état-major la même année ; chef de bataillon le 25 avril 1900 ; lieutenant-colonel le 23 mars 1907 ; colonel le 31 décembre 1910. Il commandait le 33° régiment d'infanterie à la déclaration de la guerre. Il était chevalier de la Légion d'honneur depuis le 31 décembre 1896. Il est à remarquer que pendant 18 ans, cet éminent officier ne fut même pas proposé pour la rosette d'officier de la Légion d'honneur après avoir professé, avec une rare distinction, trois *Cours de tactique appliquée* à l'Ecole de guerre.

Dès le début des hostilités, il reçut le commandement par intérim de la 4° brigade d'infanterie. Sa belle conduite, à Dinant et à Charleroi, lui valut les étoiles de brigadier (maintenu dans le commandement de la 4° brigade) le 30 août 1914. Il reçut les étoiles de divisionnaire le 14 septembre, et le 25 octobre, il était appelé au commandement du 33° corps d'armée. Il se couvrit de gloire en Artois au printemps 1915. Il en fut récompensé, le 21 juin 1915 par le commandement de la 2ᵉ armée, alors en Champagne, avec laquelle il mena l'offensive de septembre 1915.

Quand vint l'heure de réorganiser la défense de Verdun, à la demande du général de Castelnau, le général Pétain reçut le commandement de l'armée spéciale de Verdun. Il faudra un livre entier pour dire ce que le général Pétain accomplit à Verdun.

Dans les premiers jours de mai, il est appelé au commandement en chef du groupe des armées du Centre (secteur Soissons-Reims), succédant au général de Langle de Cary.

Le 29 avril, le général Pétain reçut la plaque de grand officier de la Légion d'honneur, avec cette citation qui résume la haute valeur de l'officier général dont le nom ne peut être séparé de Verdun.

« Officier général de la plus haute valeur. Depuis le début de la campagne, n'a cessé, comme commandant de brigade, de division, de corps d'armée et d'armée, de faire preuve des plus remarquables qualités militaires. *Grâce à son calme, à sa fermeté et à l'habileté de ses dispositions, a su rétablir une situation délicate et inspirer confiance à tous. A ainsi rendu au pays les plus éminents services* ».

Le gouvernement confia sa succession au général Nivelle, qui s'est montré digne de ce choix.

LE GÉNÉRAL NIVELLE

Nivelle (Robert-Georges), né le 15 octobre 1856 à Tulle. Entré à l'Ecole Polytechnique en 1874 ; sous-lieutenant élève à l'Ecole d'application en 1878 ; lieutenant d'artillerie en 1880 ; capitaine en 1887 ; chef d'escadron en 1901 ; lieutenant-colonel en 1908 ; colonel, commandant le 5ᵉ régiment d'artillerie, le 25 décembre 1911.

Breveté d'état-major ; a suivi les cours de l'Ecole d'application de cavalerie comme officier d'instruction.

Officier de la Légion d'honneur en 1912.

La guerre le fit: général de brigade le 24 octobre 1914 ; général de division le 23 décembre 1915, après avoir brillamment commandé le 3ᵉ corps d'armée, il reçut le commandement de l'armée de Verdun des mains du général Pétain quand celui-ci fut appelé à de plus hautes fonctions. Au cours de la campagne, il s'était fait remarquer en Alsace par la prise d'un groupe d'artillerie allemande (24 canons) écrasée sous la précision du tir de son régiment.

A la bataille de la Marne, où le 5ᵉ régiment d'artillerie compte dans l'armée Maunoury, le 16 septembre, sur l'Aisne, le 7ᵉ corps fut sauvé grâce à l'intervention de l'artillerie de Nivelle.

Comme général de brigade, il prend une part glorieuse aux combats de l'Aisne en janvier 1915 ; comme divisionnaire, il dirige la reprise de Quennevières.

A l'occasion de la remise de la croix de la Légion d'honneur à la ville de Verdun, l'éminent commandant de l'armée qui défend si héroïquement cette ville a reçu la plaque de grand officier de la Légion d'honneur et cité à l'ordre de l'armée en ces termes :

Commande depuis quatre mois une armée qui a résisté victorieusement aux attaques sans cesse renouvelées de l'ennemi et a supporté héroïquement les plus dures épreuves. A affirmé dans ce commandement, avec les plus brillantes qualités de chef, une énergie et une force de caractère qui ont puissamment influé sur le développement des opérations engagées sur tout le front. Après avoir enrayé l'avance de l'ennemi vers un objectif, devenu l'enjeu moral de la guerre, a repris l'offensive pied à pied et, par des attaques répétées, est parvenu à dominer l'adversaire sur le terrain même que ce dernier avait choisi pour un effort décisif.

Le Nouvel Emprunt National

L'émission de l'emprunt national a lieu du jeudi 5 au 29 octobre. Le montant total de cette émission n'est pas limité. Ces nouvelles Rentes 5 p. 100 perpétuelles sont identiques aux Rentes 5 p. 100 émises en 1915 et jouissent des mêmes privilèges et immunités. Elles ont le même marché. Elles sont exemptes d'impôts.

Elles ne pourront être remboursées en totalité ou par séries, ni par conséquent converties qu'à partir du premier janvier 1931. Les arrérages en sont payables trimestriellement les 16 février, 16 mai, 16 août, 16 novembre, de chaque année. Les titres définitifs peuvent être au porteur, nominatifs ou mixtes, au gré des souscripteurs. Les souscriptions sont reçues pour 5 francs de rente et pour les multiples de 5 francs sous réserve de ce qui sera dit ci-après pour les souscriptions en titres.

Le prix d'émission est fixé à 88 fr. 75 par 5 francs de rente, avec jouissance du 16 août 1916, en cas de libération immédiate, et du 16 novembre suivant, en cas de libération échelonnée. Les souscripteurs qui libèreront immédiatement leurs rentes auront droit, dès le jour de la souscription, au paiement des arrérages échéant le 16 novembre 1916. Le prix net à verser est ainsi ramené à 87 fr. 50.

Les versements échelonnés sont fixés comme suit :

1° En souscrivant 15 francs pour 5 francs de rente ;
2° Du 16 au 31 décembre 1916 23 fr. 75 pour 5 francs de rente ;

3° Du 16 au 28 février 1917 25 francs pour 5 francs de rente ;
4° Du 16 au 30 avril 1917 25 francs pour 5 francs de rente.
Prix total : 88 fr. 75.
En cas de retard, le débiteur est passible d'intérêts envers le Trésor à raison de 6 p. 100 l'an.

En même temps que les murs de nos villes et même de nos villages se couvrent d'affiches appelant tous les Français à faire leur devoir civique en souscrivant au deuxième emprunt de la Défense nationale, on organise une ingénieuse propagande par le tract et par l'image.

Une feuille, à l'instar des populaires gravures d'Epinal, est encartée dans un numéro du *Bulletin des Armées*. On s'est rappelé, en effet, en haut lieu, que les poilus avaient été, l'an dernier, les plus zélés propagandistes de l'emprunt et que bien des lettres étaient parties du front pour exhorter ceux de l'arrière à donner au pays l'or nécessaire à l'achat des munitions et des armes.

Pour les civils, on a fait tirer des tracts élégants, rappelant, par leurs caractères, les éditions du dix-septième siècle.

Aussi chaque citoyen aura-t-il à cœur d'apporter son obole, si modeste soit-elle à la grande œuvre nationale.

L'étranger a les yeux fixés sur nous. Nous allons lui montrer que notre crédit est plus fort que jamais par la réussite de l'emprunt qui sera celui de la paix.

Tout semble contribuer au splendide succès de ce nouvel effort : l'élan des souscripteurs qui envoient déjà les ordres à leurs correspondants et la sympathie que l'emprunt rencontre sur le marché, auprès des intermédiaires de la banque.

Cet opuscule a été écrit avec la collaboration de M. Jules Poirier, écrivain militaire, critique de Paris-Journal.

PARIS

IMPRIMERIE DU PALAIS
20, rue Geoffroy-l'Asnier

1916

www.ingramcontent.com/pod-product-compliance
Lightning Source LLC
Chambersburg PA
CBHW060951050426
42453CB00009B/1149